Pferde

Ravensburger

Konzept und Text: Carola von Kessel
Illustration: Silke Voigt

Layout: Katrin Kleinschrot und Marion Köster
Satz: Katrin Kleinschrot

1 3 5 4 2

Postfach 2460 • D-88194 Ravensburg

Printed in Germany

ISBN 978-3-473-60016-8

www.ravensburger.de
www.wiesoweshalbwarum.com

Inhalt

Welche Merkmale haben Pferde?

Pferde sind große, starke Tiere.
Mit ihren festen Hufen
und den langen Beinen
können sie sehr schnell laufen.
Dabei sahen ihre Vorfahren
ganz anders aus!
Sie waren klein wie Füchse
und hatten mehrere Zehen
an jedem Fuß.
Aus diesen Tieren entwickelten sich
über Millionen von Jahren
unsere heutigen Pferde.

vor 55 Millionen Jahren

vor 20 Millionen Jahren

Wer gehört zur Pferde-Familie?

Ein weibliches Pferd
nennt man Stute.
Männliche Pferde werden
als Hengste geboren.
Durch eine Operation,
die man Kastration nennt,
wird ein Hengst zum Wallach.
Wallache können sich
nicht fortpflanzen.

Stute mit Fohlen

heutiges Pferd

Welche Pferdetypen gibt es?

Man unterscheidet vier Pferdetypen: Ponys, Vollblüter, Warmblüter und Kaltblüter. Das Blut hat aber bei allen Pferden die gleiche Temperatur. Mit „warm“ und „kalt“ ist nur das Wesen der Pferde gemeint.

Die Größe der Pferde misst man mit einem Zollstock. Deshalb bezeichnet man die Rückenhöhe auch als Stockmaß.

Man misst die Größe an der höchsten Stelle des Rückens.

Pony

Stockmaß:
bis 148 Zentimeter
Wesen:
klug und eigenwillig

Vollblut

Stockmaß:
140–175 Zentimeter
Wesen:
sensibel und lebhaft

Warmblut

Stockmaß:
160–185 Zentimeter
Wesen:
freundlich und sportlich

Kaltblut

Stockmaß:
150–220 Zentimeter
Wesen:
ruhig und ausgeglichen

Wie entsteht eine Pferderasse?

Auf der ganzen Welt gibt es etwa 300 Pferderassen. Hier siehst du einige davon. Viele Rassen sind durch die Anpassung der Pferde an ihre Umgebung entstanden.

Isländer

Stockmaß:
125–145 Zentimeter
Herkunft:
Island

Araber

Stockmaß:
140–156 Zentimeter
Herkunft:
Arabische Halbinsel

Was ist eine Pferdezucht?

Andere Rassen wurden
durch gezielte Zucht geprägt.
Dabei wählen die Menschen aus,
welche Tiere sich paaren dürfen.
Hier siehst du zwei dieser Rassen:

Lipizzaner

Stockmaß:
148–162 Zentimeter
Herkunft:
Österreich, Ungarn

Deutsches Reitpferd

Stockmaß:
160–180 Zentimeter
Herkunft:
Deutschland

Wie heißen die Körperteile beim Pferd?

Der Körperbau von Pferden passt perfekt zu ihrer Lebensweise. Er macht sie zu starken und sehr ausdauernden Tieren.

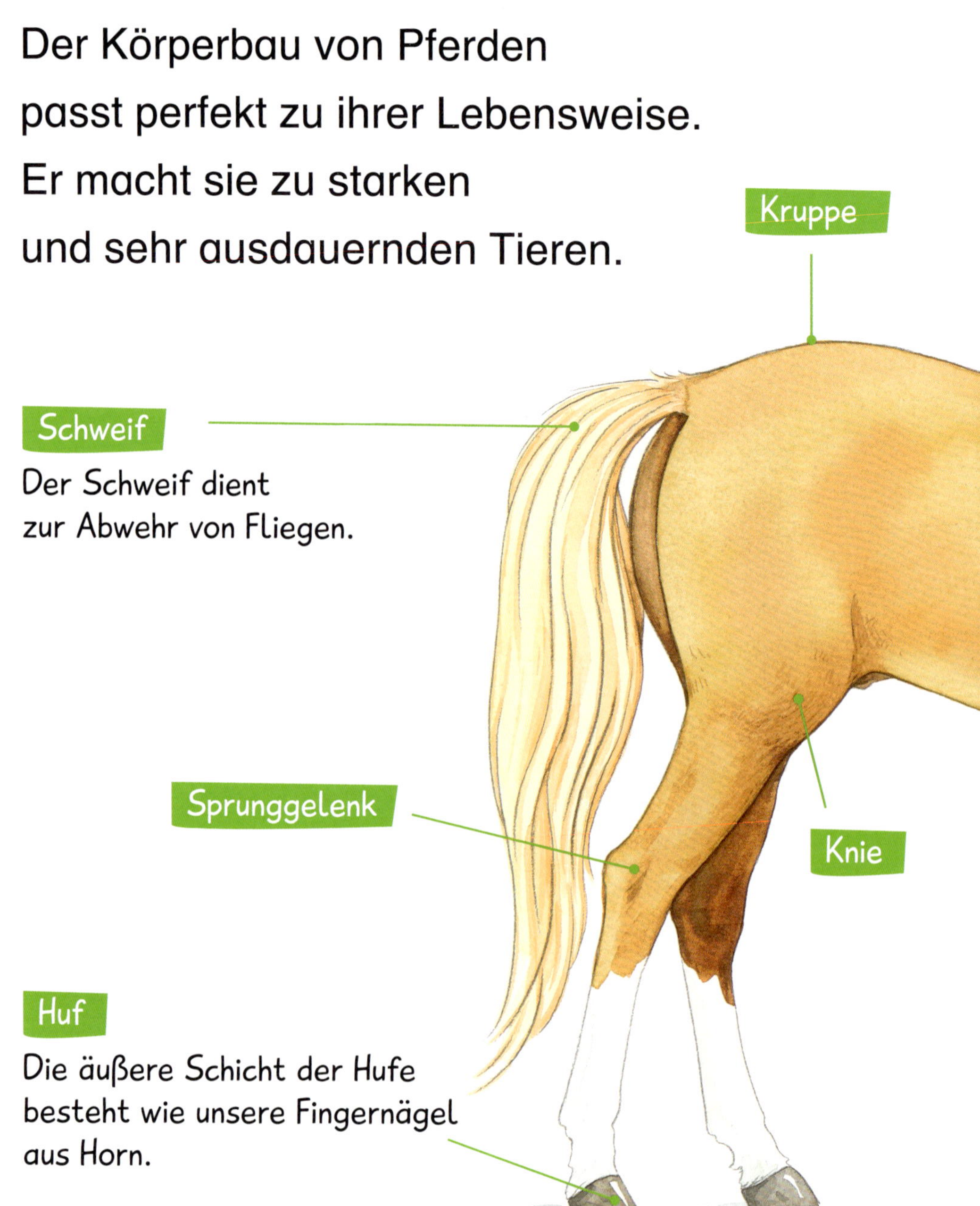

Schweif

Der Schweif dient zur Abwehr von Fliegen.

Huf

Die äußere Schicht der Hufe besteht wie unsere Fingernägel aus Horn.

Widerrist
Hier misst man
das Stockmaß des Pferdes.
Nüster
Die Nasenlöcher
der Pferde
heißen Nüstern.
Maul
Mit den Tasthaaren am Maul
untersuchen Pferde ihr Futter.
Ellbogen
Auch ein
perfekter Körper
braucht Training!

Welche Fellfarben gibt es?

Wie unsere Haarfarben
unterscheiden sich auch
die Fellfarben von Pferden.
Einen Rappen erkennst du
an seinem schwarzen Fell.
Ein Brauner hat braunes Fell
und eine schwarze Mähne.
Dagegen trägt ein Fuchs
zu seinem braunen Fell
eine braune oder blonde Mähne.

Graue und weiße Pferde
bezeichnet man als Schimmel.
Sie kommen mit dunklem Fell
zur Welt und werden
im Laufe der Jahre immer heller.
Ein mehrfarbiges Pferd
ist ein Schecke.

So sehe ich im Winter aus!

Mit den Jahreszeiten
wechseln Pferde auch ihr Fell.
Im Sommer ist es dünn und seidig,
im Winter dicht und lang.

Was ist eine Blesse?

Viele Pferde haben
weiße Muster im Fell.
Diese hellen Bereiche
am Kopf und an den Beinen
nennt man Abzeichen.
Je nach Größe und Form
heißen sie zum Beispiel:
Stern, Blesse und Laterne.

Blesse

Flämmchen

Laterne

Halbweiße Fessel

Wer ist mit den Pferden verwandt?

Die nächsten Verwandten der Pferde
sind Esel und Zebras.
Diese drei Tierarten können sogar
gemeinsam Nachwuchs bekommen.
Ein Maultier oder Muli
ist das Kind einer Pferdestute
und eines Eselhengstes.
Dagegen stammt ein Maulesel
von einer Eselstute
und einem Pferdehengst ab.

Leserätsel

1 Wie heißen diese Fellfarben?
Füge die richtigen Silben zusammen
und schreibe die Wörter auf die Linien.

cke Sche mel ner

Brau pe Rap Schim

2 In dem Buchstabengitter sind fünf Begriffe rund um Pferde versteckt. Kreise sie ein.

P	I	W	B	A	B	O	K
K	T	R	T	I	L	P	S
G	S	T	U	T	E	L	O
S	P	R	I	A	S	N	L
P	O	N	Y	R	S	W	H
R	P	D	E	T	E	L	Z
A	T	L	B	A	V	X	N
O	K	B	W	R	E	K	W
L	F	U	P	A	K	R	T
K	A	L	T	B	L	U	T
N	Z	G	D	E	E	G	I
G	P	V	S	R	L	H	N

Wie verhalten sich Pferde?

In der Natur leben Pferde
in Gruppen zusammen,
die man Herden nennt.
Jedes Mitglied der Herde
achtet auf die anderen.
Im Winter stehen die Pferde
eng zusammen und wärmen sich.
Im Sommer wedeln sie sich
Fliegen aus dem Gesicht.

Wenn ein Teil der Herde schläft,
hält der Rest Wache.
Bei Gefahr warnen sich
Pferde gegenseitig.
Auch unsere Reitpferde
verhalten sich ähnlich
wie ihre wilden Verwandten.
In der Gemeinschaft
fühlen sie sich am wohlsten.

Auch auf der Flucht
bleiben Pferde
immer eng zusammen.

Welche Sprache verstehen Pferde?

Pferde verständigen sich
nicht mit Worten,
sondern mit ihrer Körperhaltung
und ihrem Gesichtsausdruck.
Diese „Sprache“ verstehen
alle Pferde.
Außerdem drücken sie ihre Gefühle
auch mit der Stimme aus:
Zur Begrüßung
wiehern Pferde oft laut.
Ein tiefes Brummeln bedeutet,
dass sie sich auf etwas freuen.

Dieses Pferd hält
den Kopf hoch
und spitzt die Ohren.
Es ist aufmerksam.

Flach angelegte Ohren
eines Pferdes bedeuten:
„Das mag ich nicht!“

Ein entspanntes Pferd
lässt den Kopf hängen
und klappt die Ohren
zur Seite.

Auch Pferde gähnen,
wenn sie müde sind:
Sie öffnen das Maul und
ziehen die Oberlippe hoch.

Wie verbringen Pferde den Tag?

Pferde sind am liebsten
draußen auf der Weide
und fressen Gras.
Oft spielen sie auch miteinander
und toben herum.
Im Stall knabbern sie gern
Heu und Stroh.
Häufig stehen sie auch einfach da
und dösen vor sich hin.
Pferde können im Stehen
und im Liegen ruhen.
Sie schlafen aber nie lange.

Knabbern hilft gegen Juckreiz.

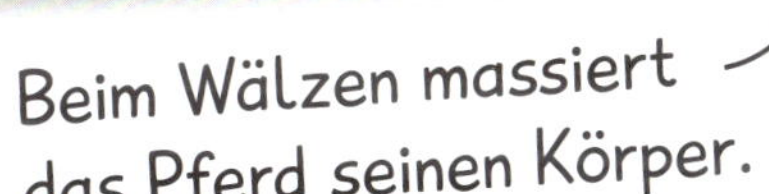

Beim Wälzen massiert das Pferd seinen Körper.

Lieblings-beschäftigung: Fressen!

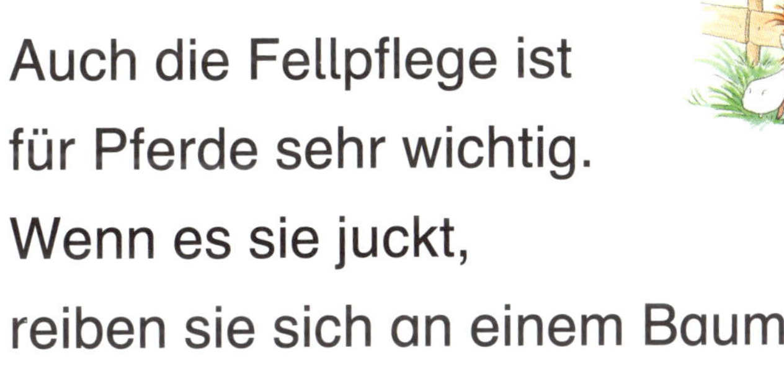

Auch die Fellpflege ist
für Pferde sehr wichtig.
Wenn es sie juckt,
reiben sie sich an einem Baum
oder Pfosten.
Falls genug Platz ist,
wälzen sie sich auf dem Boden.
Befreundete Pferde beknabbern sich
auch gegenseitig.

Warum sind Pferde so schreckhaft?

Pferde sind Fluchttiere.
In der Natur laufen sie
vor Gefahren davon.
Dieses Verhalten hilft ihnen
beim Überleben.
Es steckt auch
in unseren Reitpferden.
Deshalb sind sie immer wachsam
und erschrecken leicht.

Pferde erschrecken oft vor Fahrzeugen und Lärm.

Welche Sinne haben sie?

Die Augen der Pferde
liegen seitlich am Kopf.
So sehen sie weit um sich herum.
Nur den Bereich
direkt vor und hinter sich
nehmen sie nicht wahr.
Ihre beweglichen Ohren
lauschen in alle Richtungen.
Außerdem haben sie feine Nasen.
Mit ihren Nüstern
nehmen sie auch Gerüche wahr,
die wir Menschen nicht riechen.

Pferde sehen auch, was neben ihnen geschieht.

Wie wird ein Fohlen geboren?

Nach elf Monaten Tragezeit
bringt eine Pferdestute
ihr Fohlen zur Welt.
Zuerst drückt sie
die winzigen Vorderhufe heraus.
Dann erscheint der Fohlenkopf,
gefolgt vom Rest des Körpers.
Nach der Geburt leckt die Stute
das Fohlen sauber.

Die Vorderbeine des Fohlens werden bei der Geburt als Erstes sichtbar.

Beim Ablecken prägt sich die Stute den Geruch vom Fohlen ein.

Wenn die Stute sich aufrichtet,
reißt die Nabelschnur.
Bald steht auch das Fohlen auf und
trinkt am Euter die erste Milch.
In der Natur läuft ein Fohlen
schon kurz nach der Geburt
mit der Herde mit.
Vor ihm liegt ein langes Leben.
Pferde können
20 bis 30 Jahre alt werden.

Nach der Geburt können Fohlen gleich aufstehen und Milch trinken.

Leserätsel

1 Löse das Kreuzworträtsel.

1. Gruppe von Pferden
2. natürliches Verhalten von Pferden bei Gefahr
3. Ruf eines Pferdes
4. Haare am Pferdekörper
5. Nahrung eines neugeborenen Fohlens

2 Bilde aus den Buchstaben in jedem Hufeisen ein Wort und schreibe es auf!

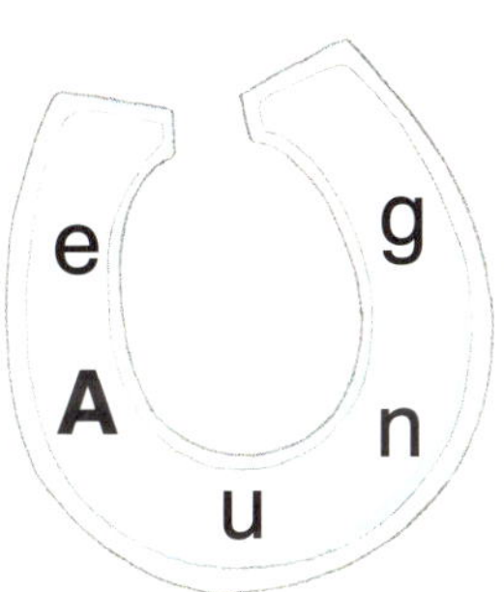

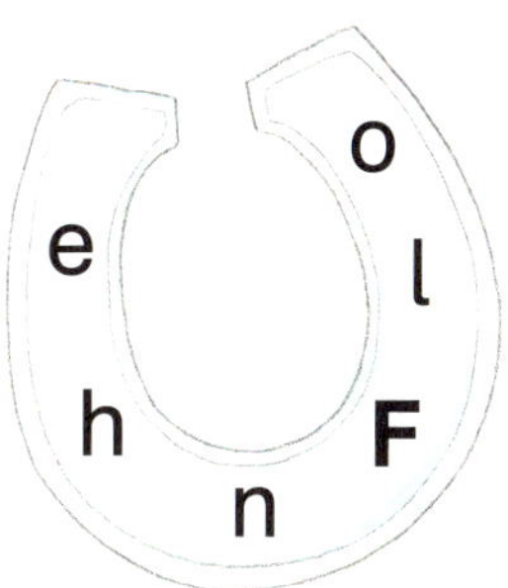

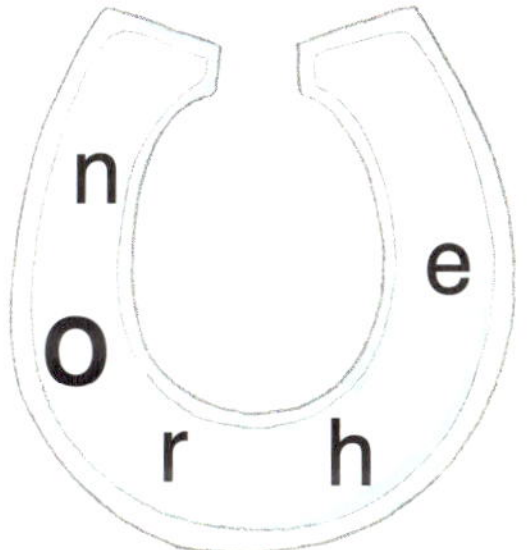

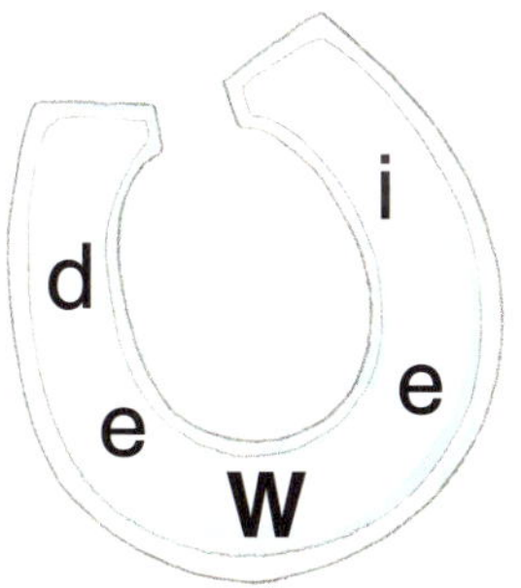

Welche Pflege brauchen Pferde?

Pferde brauchen jeden Tag
frische Luft und Bewegung,
am besten in der Gruppe.
Ein Stall bietet ihnen
Schutz vor Sonne und Regen.
Er muss täglich
ausgemistet werden.
Danach verteilt man
frisches Stroh auf dem Boden.

Pferdeäpfel und nasses Stroh entfernt man mit der Mistgabel.

Was fressen Pferde?

Puh, gleich platze ich!

Pferde sind Pflanzenfresser.
Sie ernähren sich hauptsächlich von Gras, Heu und Stroh.
Dazu schmecken ihnen Möhren, Äpfel und Kraftfutter wie Hafer.
Viele kleine Mahlzeiten sind für Pferde gesünder als wenige große Portionen.
Außerdem brauchen sie immer frisches Wasser.

Der Leckstein versorgt das Pferd mit Salz und Mineralstoffen.

Wie bindest du ein Pferd an?

Bei der täglichen Fellpflege tragen Pferde ein Halfter mit Führstrick.
Mit einem besonderen Knoten bindest du dein Pferd an.
Der Knoten hält auch dann, wenn es kräftig am Strick zieht.
Im Notfall kannst du ihn aber blitzschnell lösen.

Das muss doch irgendwie aufgehen!

1

2

3

Wenn du am losen Ende ziehst, öffnet sich der Knoten.

Was gehört zum Putzzeug?

Die Bürsten und Geräte
für die Pflege deines Pferdes
bezeichnet man als Putzzeug.

Wie putzt du ein Pferd?

Zuerst entfernst du
den groben Schmutz aus dem Fell.
Dafür fährst du
mit dem Gummistriegel
über Hals, Rücken, Bauch und Kruppe.
Die Beine säuberst du
mit einer Wurzelbürste.
Danach entfernst du
mit der Kardätsche
den feinen Staub
aus dem Fell.

Mit dem Metallstriegel
streifst du den Schmutz
aus den Borsten.

Den Kopf des Pferdes
reinigst du vorsichtig
mit einer weichen Kopfbürste.
Mit einem feuchten Schwamm
kannst du Augen und Nüstern
sanft auswischen.
Mähne und Schweif ordnest du
mit den Händen.
Zuletzt hebst du die Hufe einzeln an
und säuberst sie
mit dem Hufkratzer.

Die Hufeisen werden mit Nägeln befestigt.

Was macht ein Hufschmied?

Die Hufe von Pferden wachsen
wie unsere Fingernägel ständig nach.
Der Hufschmied bringt sie daher
mit Messer und Feile
wieder in Form.
Manche Pferde können
auf harten Böden nicht gut laufen.
Ihnen passt der Schmied Hufeisen an.
Das Aufnageln der Eisen
tut den Pferden nicht weh.

Hihi, das kitzelt!

Wann kommt der Tierarzt?

Pferde-Tierärzte untersuchen und behandeln ihre Patienten auf dem Reiterhof.
Die Tierärzte bringen alles mit, was sie dafür brauchen.
Nach Geburten prüfen sie auch, ob Stute und Fohlen wohlauf sind.
Die meisten Krankheiten und kleinere Verletzungen kann man im Stall behandeln.
Nur im Notfall müssen Pferde in die Tierklinik gebracht werden.

Eine Tierärztin untersucht das Pferd.

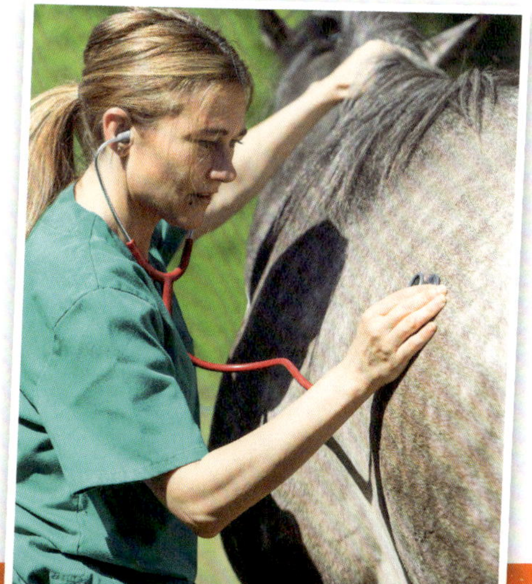

Leserätsel

1 Fülle die Gitter mit Silben.
Pro Zeile, Spalte und buntem Rechteck darf jede Silbe nur einmal vorkommen.
Welche Wörter sind hier versteckt?
Schreibe sie unter die Gitter.

DE			
	PFLE		
			GE
		PFER	

_ _ _ _ _ _ _ _ _ _ _ _

PFLAN			
		FRES	
	SER		ZEN

_ _ _ _ _ _ _ _ _ _ _ _ _ _ _

2 Felix sucht seinen Futtereimer!
Verbinde die Buchstaben
auf seinem Weg.
So erfährst du,
worauf er sich freut.

R K U
W
T
T L U
C
S
A
G
R
D G
E
F B F
T
H O P I
A
N T Z

Reiterhof zum Stickern

Wälzen macht Spaß!
Hier tobt ein Fohlen herum.
Klebe hier noch zwei Zuschauer ein.
Wer turnt auf dem Pferd?

Was lernst du in der Reitschule?

Früher haben Pferde
den Menschen im Alltag geholfen.
Sie zogen Kutschen, trugen Lasten
und arbeiteten auf den Feldern.
Die meisten dieser Aufgaben
übernehmen inzwischen Maschinen.
Heute nutzen wir Pferde
vor allem zum Reiten
in unserer Freizeit.

Pferde bei der Feldarbeit

Welche Reitstile gibt es?

Überall auf der Welt
gibt es verschiedene Reitweisen.
Das Westernreiten stammt
von den Cowboys in Nordamerika.
Dabei arbeiten die Pferde
sehr selbstständig mit.
Bei uns ist dagegen
der englische Reitstil üblich.
Hierbei gibt der Reiter dem Pferd
ständig kleine Anweisungen.

Westernreiten

Welche Ausrüstung brauchen Reiter und Pferd?

Beim Reiten musst du
immer einen Helm tragen.
Er schützt deinen Kopf,
falls du vom Pferd fällst.
Auch eine Schutzweste
kann Verletzungen verhindern.
Außerdem brauchst du
eine lange Hose
und feste Schuhe,
die über die Knöchel
reichen.

Wer regelmäßig reitet,
braucht eine Reithose
und Reitstiefel.

Während der Reitstunde
trägt das Pferd einen Sattel
auf dem Rücken.
Man befestigt ihn
mit einem Bauchgurt.
Am Sattel hängen die Steigbügel
für deine Füße.
Das Zaumzeug hält
die Trense im Pferdemaul.
An ihr sind die Zügel befestigt.

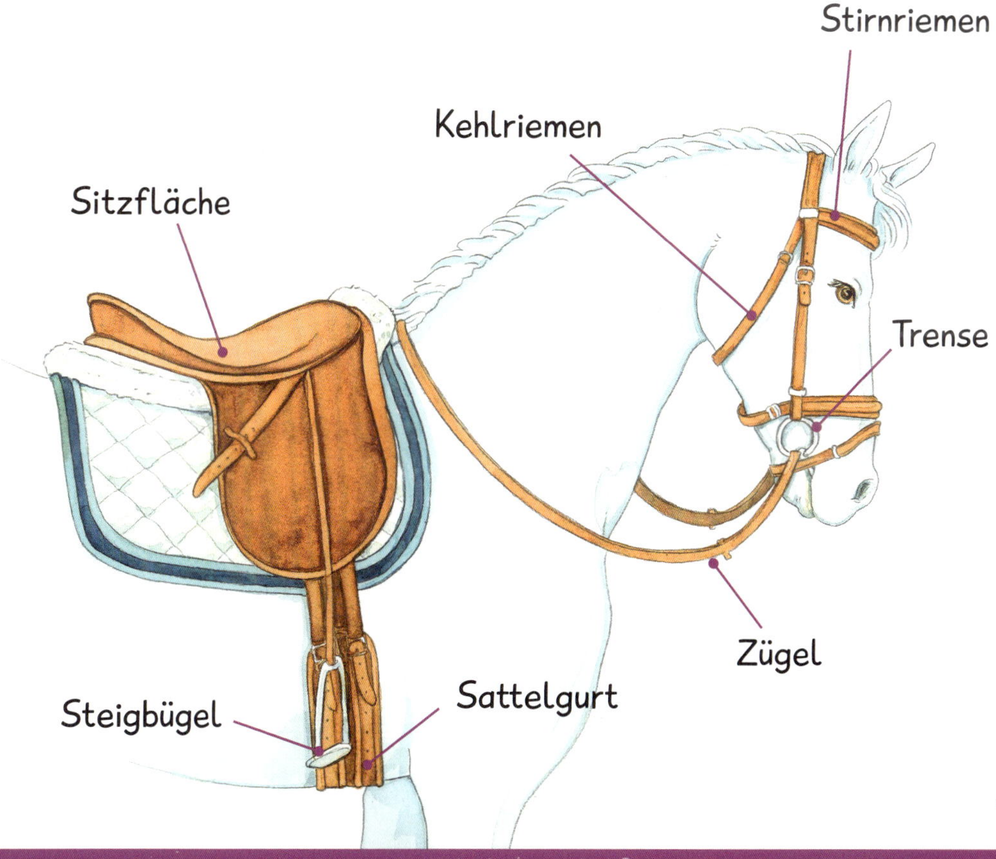

Stirnriemen
Kehlriemen
Sitzfläche
Trense
Zügel
Sattelgurt
Steigbügel

Die Reitlehrerin lenkt das Pferd an der Longe.

Wie lernst du reiten?

In deinen ersten Reitstunden
läuft das Pferd im Kreis
um den Reitlehrer herum.
Er führt es dabei
an einer langen Leine,
die man Longe nennt.
So kannst du erst einmal
den richtigen Sitz im Sattel üben.

Später reitest du in einer Gruppe,
die man Abteilung nennt.
Dabei lernst du
die Reiterhilfen kennen.
Mit diesen kleinen Bewegungen
teilst du dem Pferd mit,
was es tun soll.
Du kannst es mit deinem Gewicht,
den Schenkeln und
den Zügeln steuern.

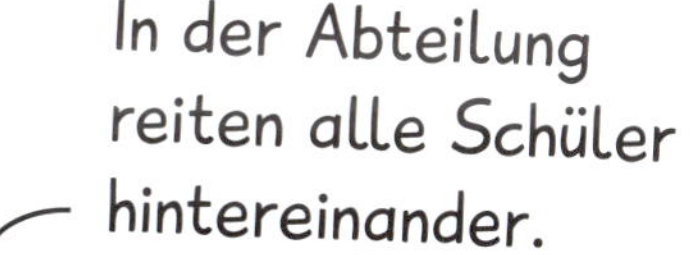

Welche Gangarten haben Pferde?

Pferde können ihre Beine auf verschiedene Arten bewegen. Die langsamste Gangart ist der Schritt. Dabei hebt das Pferd jedes Bein einzeln hoch und setzt es wieder ab. Der Reiter wird im Sattel sanft geschaukelt.

Und welcher Huf kommt jetzt?

Schritt

Im Trab schwingt das Pferd
zwei Beine gleichzeitig nach vorn.
Dabei läuft es flotter,
und sein Rücken
wackelt mehr.

Trab

Der Galopp ist noch schneller.
Er besteht aus
vielen kleinen Sprüngen.

Galopp

Was sind Reitabzeichen und Turniere?

Als Reiter kannst du verschiedene Abzeichen ablegen. Für eine bestandene Prüfung bekommst du eine Urkunde und eine Anstecknadel. Darauf darfst du richtig stolz sein!

Bei Dressur-Turnieren führen Pferd und Reiter verschiedene Übungen vor.

Beim Springreiten müssen unterschiedliche Hindernisse überwunden werden.

Bei einem Turnier treten mehrere Reiter gegeneinander an. Die Besten erhalten bunte Siegerschleifen. In der englischen Reitweise gibt es Turniere in Dressur, Springen und Vielseitigkeit. Für Einsteiger eignen sich zum Beispiel Reiter-Wettbewerbe.

Zur Vielseitigkeit gehören Dressur, Springen und ein Geländeritt.

Was gehört noch zum Pferdesport?

So vielseitig wie die Pferde ist auch der Sport mit ihnen. Hier sind einige Beispiele:

Voltigieren

Beim Voltigieren turnst du Übungen auf dem Pferderücken.

Trabrennen

Hier ziehen die Pferde ihre Fahrer in Wagen, die man Sulkys nennt.

Polo

Beim Polo versuchen zwei Mannschaften auf Pferden einen Ball mit Schlägern ins gegnerische Tor zu schießen.

Galopprennen

Dabei galoppieren die Pferde mit Reitern auf kurzen Strecken um die Wette.

Leserätsel

1 Im Holzpferd stecken
fünf Begriffe
rund um den Pferdesport.
Kreise sie ein und
schreibe sie unten auf.

2 Wie heißen diese Gangarten?
Bringe die Buchstaben
in die richtige Reihenfolge
und schreibe die Wörter
unter die Umrisse!

Lesequiz

1 Wie nennt man ein weibliches Pferd?

a) Dame

b) Lady

c) Stute

2 Wer sind nahe Verwandte der Pferde?

a) Esel und Zebras

b) Kühe und Schweine

c) Schafe und Ziegen

3 Wie lange dauert die Tragezeit bei Pferden?

a) 9 Monate

b) 11 Monate

c) 13 Monate

4 Was sollten Pferde hauptsächlich fressen?

a) Gras, Heu und Stroh

b) Äpfel und Möhren

c) Hafer und Müsli

5 Wer bringt die Pferdehufe in Form?

a) der Hufarzt

b) der Hufwerker

c) der Hufschmied

6 Wie heißen die Stützen für die Füße des Reiters?

a) Sattelbügel

b) Steigbügel

c) Fußbügel

Lösungen

Seite 18/19

Schimmel

Brauner

Schecke

Rappe

2

P	I	W	B	A	B	O	K
K	T	R	T	I	L	P	S
G	S	T	U	T	E	L	O
S	P	R	I	A	S	N	L
P	O	N	Y	R	S	W	H
R	P	D	E	T	E	L	Z
A	T	L	B	A	V	X	N
O	K	B	W	R	E	K	W
L	F	U	P	A	K	R	T
K	A	L	T	B	L	U	T
N	Z	G	D	E	E	G	I
G	P	V	S	R	L	H	N

Seite 30/31

2 Augen, Fohlen, Ohren, Nüstern, Weide

Seite 40/41

DE	GE	PFLE	PFER
PFER	PFLE	GE	DE
PFLE	PFER	DE	GE
GE	DE	PFER	PFLE

Lösung: PFERDEPFLEGE

PFLAN	FRES	ZEN	SER
SER	ZEN	FRES	PFLAN
FRES	SER	PFLAN	ZEN
ZEN	PFLAN	SER	FRES

Lösung: PFLANZENFRESSER

2

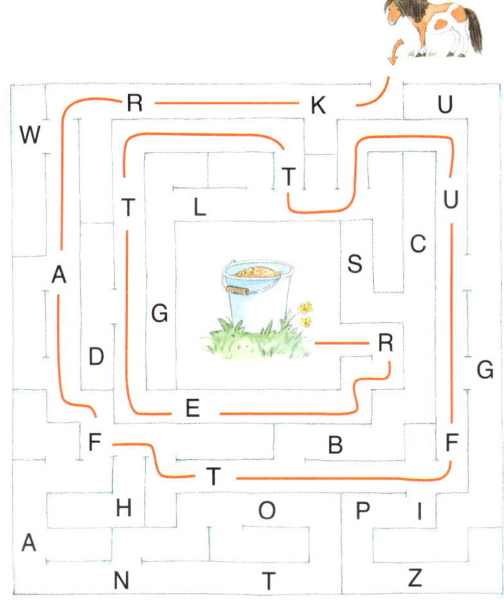

Lösung: KRAFTFUTTER

Seite 42/43

Seite 56/57

1

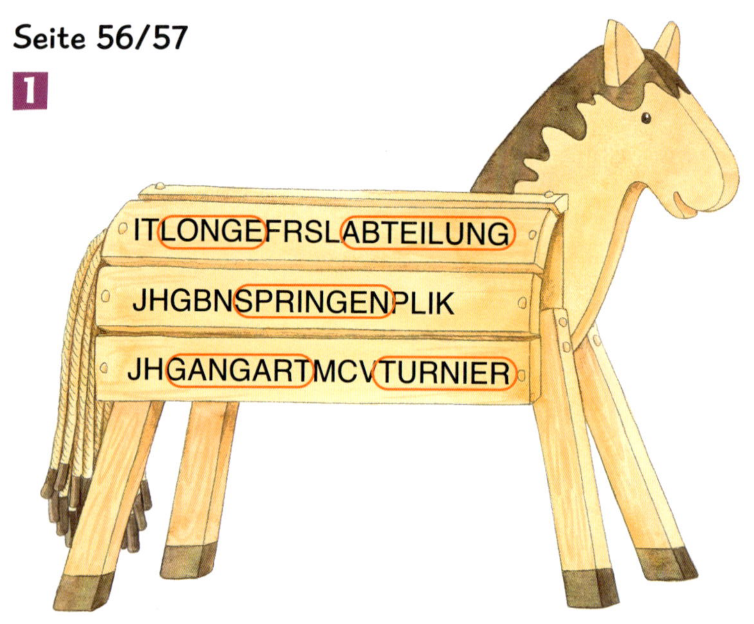

2

Schritt

Trab

Galopp

Seite 58/59

1 c)

2 a)

3 b)

4 a)

5 c)

6 b)

Klebe an dieser Stelle
einen Briefumschlag ein.
Benutze dazu einen Klebestift
und beachte seine Kennzeichnung.
In dem Umschlag kannst du
die ausgeschnittenen Karten
aufbewahren.
So geht nichts verloren.

Leselotto

Anleitung

Schneide die 24 Karten
mit einer Bastelschere aus
und mische sie.
Lege sie dann
mit der Vorderseite nach oben
vor dich hin.
Welcher Text
beschreibt welches Bild?
Die Rückseiten der richtigen Paare
haben dieselbe Farbe.
So kannst du prüfen,
ob alles stimmt.

Hast du den Durchblick beim Spielen?

Bildnachweis

Abkürzungen:
oben (o.); unten (u.); links (l.); rechts (r.); Mitte (m.)

Cover: Adobe Stock: kathomenden (o.), VIAR PRO studio (u.)

Adobe Stock: kwadrat70 (7), Rita Kochmarjova (16 l.), majtas (16 r.), andregric (16 m.), henk bogaard (17 l.), Geza Farkas (17 r.), manu (21), Yerbolat (25 o.), rhoenes (27), Mari_art (38), 135pixels (39), skmjdigital (44), Carrie (45), Daniel (49), RD-Fotografie (52 r.), sci (52 l.), robertharding (53)

Picture Alliance: imageBROKER/Malcolm Schuyl/FLPA (8), Bildagentur-online/Fischer (25 u.), Grebler, M./Juniors (48)

Sonstige: Carola von Kessel (37)

Kaltblut

Vollblut

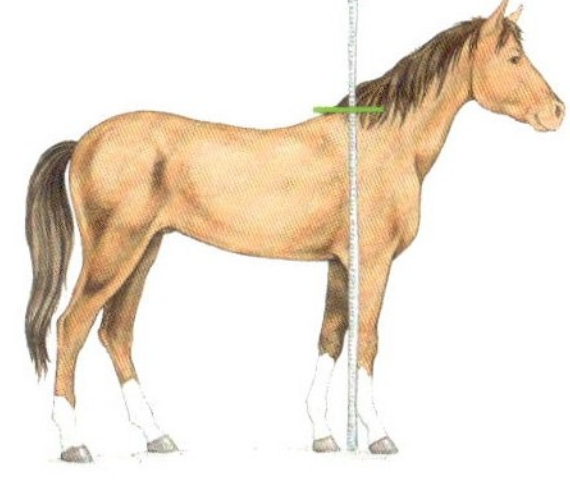

Stockmaß

Schecke

Blesse

Maultier

Voltigieren

Hufkratzer

Westernreiten

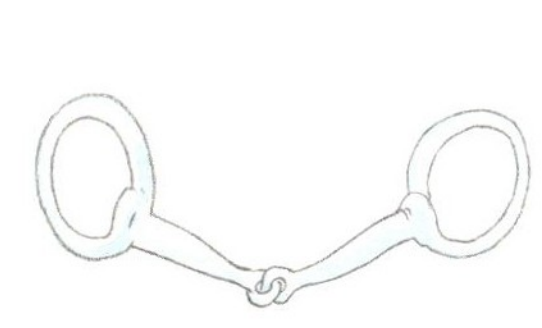

Trense

Turnier

Siegerschleife

Schweres Pferd mit ruhigem Wesen	Schlanker Pferdetyp mit viel Temperament	Rückenhöhe eines Pferdes
Pferd mit mehrfarbigem Fell	Langes, schmales Abzeichen am Pferdekopf	Kind einer Pferdestute und eines Eselhengstes
Turnen auf dem Pferd	Gerät für die Hufpflege	Reitstil der Cowboys
Bestandteil des Zaumzeugs, an dem die Zügel befestigt sind	Wettbewerb unter Reitern	Auszeichnung für die Gewinner einer Reitprüfung